# LE SIÈGE DE LA GAITÉ,

## OU

## LE PASSÉ, LE PRÉSENT

### ET LE FUTUR,

PIÈCE D'INAUGURATION ET ALLÉGORIQUE

EN UN ACTE, A GRAND SPECTACLE,

Mêlée de Pantomime, de Couplets
et de Danses,

Paroles et mise en scène de M. AUGUSTIN ***,

Ballets de M. HULLIN,

Décors de MM. ALLAUX.

A PARIS,

Chez BARBA, Libraire, Palais-Royal, derrière le Théâtre
Français, n°. 51.

1808.

| PERSONNAGES. | ACTEURS. |
|---|---|
| LA GAITÉ. | Mme *D'Herbouville.* |
| LE MELODRAME. | M. *Tautin.* |
| LA PANTOMIME. | Mlle *Caroline.* |
| ARLEQUIN. | M. *Duménil.* |
| PIERROT. | M. *Perroud.* |
| COLOMBINE. | Mlle *Forét.* |
| CASSANDRE. | M. *Genest.* |
| GENEVIÈVE DE BRABANT. | Mme *Chabert.* |
| LA PUCELLE D'ORLÉANS. | Mlle *Bourgeois.* |
| VÉNUS PÉLERINE. | Mlle *Lamarre.* |
| L'AMOUR QUÊTEUR. | Mlle *Elisa.* |
| PIERRE BAGNOLET, *pers. muet.* | M. *Borne.* |
| Mad. TINTAMARRE. | Mme *Joigny.* |
| ZING-ZING. | M. *Paschal.* |
| Un Envoyé du Mélodrame. | M. *Ferdinand.* |
| Une Envoyée de la Pantomime. | Mlle *Cœlina.* |
| Amazonnes. | |
| Athlètes. | |
| Guerriers de tous pays. | |
| Les ris et les jeux, représentés par des enfans. | |



*La scène se passe à Paris sur le boulevard du Temple.*

# LE SIÈGE
## DE LA GAITÉ.

*Le théâtre représente une avenue d'arbres. Au fond, s'élève l'ancien théâtre de Nicolet, sous la dénomination de Grands Danseurs du Roi.*

## SCENE PREMIERE.

( Au lever du rideau, Arlequin, au milieu du théâtre, est assis sur un grand fauteuil ; ce fauteuil est exhaussé sur une large table qui sert de bureau à Pierrot. )

Les personnages suivant forment un large demi-cercle dans l'ordre que voici.

A droite du spectateur au premier plan est Geneviève de Brabant, assise près de la biche qui allaite son enfant. A gauche en pararellelle, la Pucelle d'Orléans, foulant aux pieds l'étendart anglais. A droite, à côté de Geneviève, le savetier Zing-zing, assis, le tire-pied à la main et une forme sous le bras. A gauche, auprès de la Pucelle, Pierre Bagnolet, riant de tout son cœur de ce qu'il voit. A droite auprès du savetier, Vénus pelerine de bout et appuyée sur son bâton de voyage. A gauche, à côté de Pierre Bagnolet, l'amour questeur, tendant une main et souriant avec malice. A droite, auprès de Vénus, madame Timtamare assise. A Gauche, à côté de l'amour questeur, monsieur Cassandre et Colombine. Dierrière ce demi-cercle, plusieurs autres personnages secondaires : tels que Pantalon Crispin, Scaramouche, et puis tous les comparses sous divers costumes, et tous les employés du théâtre.

PIERROT, *se levant.*

Silence, messieurs, silence ! Notre camarade Arlequin va commencer son superbe discours ? veuillez bien l'écouter avec une attention qui corresponde au motif éminent de l'assemblée génerale ci-présente. Mais avant...

Air : *Conservez bien la paix du cœur.*

Supposons tous, en discutant,
Que le dieu d'amour nous observe,
Que les Graces, en souriant,
Nous imposent quelques réserve ;
Pensons, de peur qu'en nos rebus
Du goût nous ne perdions les traces,
Qu'aujourd'hui l'autel de Momus
Est devant le temple des Graces.

Silence, messieurs, silence..

ARLEQUIN, *après avoir salué trois fois.*

Mes très-chers camarades ; illustre Pucelle d'Orléans, célèbre Geneviève de Brabant, puissante Vénus en pélerinage, petit Amour quêteur, monsieur Zing - Zing , et vous, dame Tintamarre ; vous tous, enfin, qui êtes les plus fermes soutiens du théâtre des Grands Danseurs du Roi, vous savez tous qu'il est arrivé dans cette capitale , il y a quelques jours, au son des trompettes et des clairons , au bruit des timballes et des tambours, un certain individu portant le titre de Mélodrame, se disant chevalier de l'ordre universel, et ayant à sa suite une foule de soldats des quatre parties du monde.

Air : *Nous ne pouvons pas être sourds.*

S'il faut en croire ce guerrier,
Il a le casque de Minerve ;
D'Achille il a le bouclier,
De Melpomène il a la verve.
D'abord à sa voix plus d'un jour,
On voulut se montrer rebelle ;
Mais on ne peut pas être sourd ,
Quand le trombonne , le tambour ,
Ou bien le canon vous appelle.

A midi sonnant il doit lever son camp et s'avancer vers ce lieu, avec son armée , pour s'emparer de notre maison.

TOUS.

O ciel !

PIERROT.

Mes chers camarades, céderons-nous ainsi, sans coup férir , à monseigneur le chevalier Mélodrame, un domaine qui nous a été donné, il y a plus de cinquante ans, de père en fils, par notre chère marraine la Gaîté, la propre sœur de Momus, Dieu de la folie.

TOUS.

Non, non.

Mad. TINTAMARRE.

Messieurs, je vais ouvrir un avis.

PIERROT.

Paix, messieurs ; écoutons en silence madame Tintamarre.

Mad. TINTAMARRE.

Air : *Une fille est un oiseau.*

Pourquoi , sur un bruit malin ,
Ainsi se mettre en colère ?
Effrayer la troupe entière
Pour un péril incertain :
Je vais voir ce téméraire ,
Je crains peu son air sévère ,

Je crains encor moins , j'espère ,
De me voir prise d'assaut.
Oui , madame Tiutamare ,
Fera tant que ce barbare
Ne pourra placer un mot. *( bis )*

ARLEQUIN.

Ce n'est pas le moyen d'avoir une réponse. Mon avis serait plutôt qu'on envoyât vers lui une députation.

TOUS.

Oui, oui, une députation.

ARLEQUIN.

Puisque cet avis vous paraît sage, il faut procéder de suite à la nomination. Je dois prévenir seulement qu'il y aura beaucoup de gloire à acquérir pour celui qui sera chargé de ce message, car il est presque certain qu'il n'en reviendra pas. Que le camarade ou la camarade, qui méprise la vie comme je la méprise, se présente. ( *Personne ne se lève.* ) Ce silence éloquent prouve un dévouement général ; chacun se dispute tout bas l'honneur de l'ambassade. Eh bien , que d'une commune voix on proclame le nom de l'Envoyé extraordinaire.

TOUS.

Arlequin ! Arlequin !

ARLEQUIN.

Moi, cela n'est pas possible.

Air : *On culbute par compagnie.*

Vos suffrages assurément
Ont quelque chose qui m'énivre ,
Moi, je suis votre président,
Ma place m'ordonne de vivre.
Amis , ce serait déroger...
Un président se glorifie
De bien exposer le danger,
Sans jamais exposer sa vie.

Je crois que l'on devrait plutôt choisir la belle Geneviève de Brabant. Ainsi que Coriolan s'est attendri par les pleurs de son épouse...

GENEVIÈVE.

Air : *Aux montagnes de la Savoie.*

Vous voulez qu'à mon caractère
Je renonce dans ce moment,
Dans un bois toujours solitaire
Puis-je donc aller dans un camp?
Geneviève vit en silence
Pour son époux , son fils , sa biche et l'espérance.

( 6 )

Si quelqu'un parmi nous peut remplir avec dignité cette
mission importante, sans doute c'est la Pucelle d'Orléans :
celle qui défendit une ville, saura bien en imposer à un chevalier téméraire.

LA PUCELLE.

Air :

Vous comptez tous sur ma valeur,
Sur ma force, sur mon adresse,
Je suis sensible à cette honneur ;
Mais je ne suis pas ma maîtresse :
J'ai mon mari, j'ai mes enfans,
Quoiqu'au champ d'honneur elle brille,
Votre Pucelle d'Orléans
Est bonne mère de famille.

Celle qui a vraiment des armes irrésistibles, et qu'il convient, je crois, de députer, la voilà : c'est Vénus pélerine ; si
elle a séduit de vieux Derviches, elle triomphera facilement
d'un farouche chevalier.

VÉNUS.

Air : *Haïr est une folie.*

Se serait une imprudence
De trop compter sur Vénus ;
Oui, vos vœux seraient déçus,
Car Vénus, de préférence,
Sut toujours, avec constance,
Par amour pour les guerriers,
Unir le myrthe aux lauriers.
Ah ! de son pérelinage,
Craignez, craignez les hasards,
Elle oublierait le message
Pour ne songer qu'au dieu Mars.

Mais, mon fils, cet enfant malin, sous ce déguisement,
sait se faire ouvrir toutes les portes, même celles des cœurs
les plus rébelles, il parviendra sans peine à réduire ce chevalier si terrible.

PIERROT.

Je suis de cet avis-là. Le petit gaillard est rusé.

L'AMOUR.

Je vous remercie de la préférence.

Air : *Du petit Pétro.*

Mais, moi, je crains la guerre,
Les vaillans chevaliers,
Que me faut-il sur terre ?
De paisibles foyers.
Là, gaiment je ravage,
Je suis maître absolu,

On est, par mon courage ;
Heureux d'être vaincu :
Mais c'est contre les dames
Que paraît ma valeur,
Puisque partout leurs âmes,
Donnent de bon cœur
A l'Amour questeur.

Ecoutez, écoutez tous : voilà mon petit avis.

ARLEQUIN.

Ecoutons, mes amis ; un grand philosophe a dit : La vérité sort toujours de la bouche des enfans.

PIERROT.

Silence, messieurs ; l'enfant de Cythère va parler.

L'AMOUR.

Voulez-vous envoyer à l'ennemi quelqu'un qui lui fasse si peur, si peur, qu'il soit obligé de reculer tout d'abord, et peut-être de s'enfuir.

TOUS.

Hé bien ! eh bien ?

L'AMOUR.

Hé bien... le voilà. (*Montrant Zing-Zing.*)

ZING-ZING.

Ah ! double contre-fort : Le petit démon !

ARLEQUIN.

L'enfant a dit vrai, et nous pensons comme l'enfant.

TOUS.

Oui, oui.

ZING-ZING.

Allons donc, moi ! ça ferait rire tout le camp, les soldats ne me laisseraient pas approcher, et ils feraient des moqueries de moi, des colibets, des calembourgs comme s'il en pleuvait.

Air : *Tenez, moi, je suis un bon homme.*

Drès qu'en voyant mes traits difformes,
Y diront c'est un homme d'*poix* ;
Y diront que j'viens dans les *formes*
Pour prend' leurs tyrans, et je vois
Déjà l'général qui marmotte,
Que sans quartier je l'traiterons,
Qui va falloir, à propos d'*bottes*,
Me montrer vite les *talons*.

( *On entend le bruit des clairons, des trompettes, et tous se lèvent.* )

PIERROT.

Ah ! mon dieu, qu'est-ce que je vois ? J'crois que c'est un ambassadeur du chevalier Mélodrame.

# SCENE II.

LES PRÉCÉDENS, UN ENVOYÉ du Mélodrame, précédé
de Soldats des quatre parties du monde.

### L'ENVOYÉ.

Au nom du chevalier Mélodrame, mon maître, je vous
somme de quitter sur le champ ces lieux.

### ARLEQUIN.

Comment? comment? quitter ces lieux. Sangodémi! ( *à
part.* ) Il n'a pas peur.

### L'ENVOYÉ.

C'est dans cette enceinte que mon maître prétend désormais
faire briller ses nobles exploits, et que doit s'élever le théâtre
de sa gloire.

### ARLEQUIN.

Monsieur l'Ambassadeur, nous sommes reconnaissans,
nous sommes confus, nous sommes... Enfin nous ne savons pas
ce que nous sommes. A l'égard des propositions honnêtes de
votre bourgeois, quelques jours de réflexions nous sont in-
dispensables. Si vous voulez avoir la complaisance de repasser
dans le courrant de l'année prochaine.

### L'ENVOYÉ.

Inutile raillerie, il faut céder la place à l'instant même.
( *Bruit de timballes.* )

### PIERROT, *pendant la musique.*

Ah! mon dieu, en v'là ben d'un autre.

# SCENE III.

LES PRÉCÉDENS, UNE GUERRIÈRE envoyée par
la Pantomime, et suivie de deux Amazones.

( La guerrière intime par gestes à Arlequin l'ordre de céder son local
dans le plus bref délai. )

### ARLEQUIN.

Hé bien, qu'est-ce qu'elle a donc, madame la générale?
( La guerrière continue. )

### PIERROT.

Est-ce qu'elle serait muette, par hasard? Hé bien, mais,
qu'elle le dise.

( La guerrière fait planter une lance portant cette légende : *La Pantomime veut fonder ici son empire.* )

### ARLEQUIN.

Ah ! madame la générale demande aussi notre maison ?

### CASSANDRE.

Tout le monde en veut.

PIERROT, *à part.*

Air : *Du pas de charge.*

Voyez donc cet air Martial,
  C'est madame Bellone;
Il ne lui manque qu'un cheval,
  Un sabre , une couronne ;
Si je la tenais dans un coin,
  Etant de force égale,
Ah ! comme Pierrot , sans témoin,
  Battrait la générale.

ARLEQUIN.

Mais, madame, voilà monsieur qui, avant vous, nous a fait
une demande aussi obligeante.

L'ENVOYÉ.

Allez dire à celle qui vous envoie, que le chevalier Mélodrame vous a devancé, qu'il a , le premier , choisi ce domaine, dont il va s'emparer ce jour même.

ARLEQUIN.

Oui, oui !

Air : *Daignez m'épargner le reste.*

Allez dire à votre mari
Que monsieur est un honnête homme,
Ambassadeur doux et poli
Qui du premier coup nous assomme.
Que monsieur vient d'un air très-bon,
Comme sa figure l'atteste,
Prendre habits, pièces et chanson,
Le mobilier et la maison,
Et qu'il nous laisse le reste.

L'ENVOYÉ, *continuant.*

Vous plaisantez inutilement , rien ne pourra s'opposer à
ses volontés, ni diminuer les justes prétentions de mon
maître.

ARLEQUIN.

Vous croyez cela , monsieur l'ambassadeur de malheur ?
Hé bien , moi, je vous déclare que ni monsieur le chevalier
Mélodrame , ni madame la princesse Pantomime ne nous
chasserons d'ici ; que nos droits y sont établis par notre
bonne marraine, la Gaîté, et que nous y resterons jusqu'à la
mort !

L'ENVOYÉ, *levant son sabre.*

Téméraire !

COLOMBINE , ARLEQUIN , *tirant son sabre , pare le coup sur
la tête de Pierrot, et forme un tableau.*

Alte-là.

*Le Siège.*                                                 B

#### L'ENVOYÉ.

C'en est trop, je retourne vers mon maître ; je vais l'ins-
truire de vos refus et de votre arrogance. Tremblez, s'il vous
déclare la guerre ; nul de vous ne survivra aux combats que
vous aurez provoqués ; votre asile, renversé de fond en com-
ble, bientôt n'offrira plus qu'un exemple de la juste vengeance d'un chevalier auquel tout doit céder et tout doit
obéir. Vous, envoyée d'une faible rivale, suivez-moi ; venez
au pieds du Prince exposer votre demande, et obtenir de lui
un regard favorable. Partons.

*( L'envoyé de la Pantomime refuse avec dédain de suivre l'envoyé du
Mélodrame : tous deux, séparement, menacent Arlequin et les siens,
et sortent d'un côté opposé.)*

# SCENE IV.

## ARLEQUIN, CASSANDRE, COLOMBINE, PIERROT.

*(Arlequin, vivement occupé, se promène à grands pas dans la lar-
geur du théâtre.)*

#### COLOMBINE.

O mon père, qu'allons-nous devenir !

#### CASSANDRE.

Entouré d'ennemis !

#### ARLEQUIN, *se promenant.*

Que nous combattrons.

#### PIERROT, *suivant Arlequin dans tous ses tours.*

Oui, que nous combattrons.

#### ARLEQUIN.

Que nous terrasserons.

#### PIERROT.

Oui, que nous terrasserons.

#### ARLEQUIN, *s'échauffant.*

Que nous vainquerons.

*(Arlequin, se retournant précipitamment, se heurte contre Pierrot.
Frayeur mutuelle.)*

#### PIERROT.

Que nous vainquerons. Mais avec quoi ?

#### ARLEQUIN.

Air : *Du Ballet des Pierrots.*

Nous avons des sabres...

#### PIERROT.

Sans lame.

#### ARLEQUIN.

Nous avons plus d'un bouclier,
Surtout des soldats remplis d'âme.

#### PIERROT.

Ils sont ou de paille ou d'osier.

ARLEQUIN.

Tirons nos canons à mitraille.

PIERROT.

Ils sont en bois...

ARLEQUIN.

Eh ! mais, morbleu,
Canons de bois, soldats de paille,
Voilà de quoi faire un beau feu.

CASSANDRE.

Plaisante dans un moment...

PIERROT.

Dans la circonstance la plus périlleuse.

ARLEQUIN.

Poltron. ( *On entend quelques coups de canon éloignés.* )

PIERROT, *pendant la musique.*

Ah ! miséricorde, v'là qu'ils essayent l'artillerie pour nous
bombarder ! Garre la bombe. ( *Il rentre en courant.* )

ARLEQUIN.

Eh ! voici l'avant-garde. Eh ! vite, eh ! vîte, rentrons dans
la place. ( *Tous rentrent précipitamment.* )

---

# SCENE V.

## LE MELODRAME.

( Il est porté sur un magnifique pavois orné de trophées, il est précédé de plusieurs pelotons de sauvages, de chevaliers, etc. avec des
bannières )

LE MÉLODRAME, *à son Envoyé.*

Eh quoi, cher Raoul ? non-seulement cette troupe bouf-
fonne ose apporter des obstacles à mes desseins ; mais encore
cette femme muette, dont les talens ne servent d'amusement
qu'à la multitude insensée, cette femme, à peine escortée de
quelques satellites sans force et sans courage, prétend me dis-
puter un domaine qui convient à mon rang. Vain espoir, ma
volonté s'exécutera. J'établis dans ce lieu ma résidence.
Quelques hommes suffiraient sans doute pour emporter la
place ; mais il est de ma dignité de l'assiéger dans toutes les
règles de l'art, et de n'y pénétrer qu'au milieu des combats.
Ecrivez.

( Un guerrier s'agenouille et place un bouclier sur sa tête.)

Le blocus général sera fait par tous mes pelotons réunis ; les
Turcs commenceront le bombardement, les Africains lance-
ront des nuées de flèches, mes chevaliers battront en brèche,
les grenadiers monteront à l'assaut. (*Musique guerrière dans
le lointain.*) Qu'entends-je ?

L'ENVOYÉ, *allant voir.*

La pantomime s'avance vers ce lieu, seigneur ; mais tout semble annoncer que ses intentions ne sont point hostiles.

LE MÉLODRAME.

Qu'on la laisse approcher.

---

# SCÈNE VI.

LES PRÉCÉDENS, LA PANTOMIME, Suite.

( Elle est suivie d'amazones et de Gladiateurs. Au milieu d'eux plusieurs oriflammes élégantes et riches flottent dans les airs, des branches d'oliviers les entourent. )

( La Pantomime déclare au Mélodrame que ses vues sont d'occuper le théâtre dont il veut s'emparer. )

LE MÉLODRAME.

Non, madame, je veux régner seul en ces lieux.

( La patomime alors fait retourner l'oriflamme, on y lit ces mots : *Unissons nous contre l'ennemi commun.* )

LE MÉLODRAME, *avec dédain.*

Cette offre ne peut me convenir. L'ennemi est déjà trop faible pour que j'implore le secours d'un auxiliaire ; et, d'ailleurs, s'il m'était nécessaire, je ne crois pas que vos efforts puissent m'être d'une grande utilité. (*La pantomime fait un mouvement de colère.* ) A l'égard de l'alliance que vous réclamez, sans doute pour prix de vos services, je vous l'avoue franchement, votre genre et mon art me paraissent trop éloignés pour songer à les rapprocher.

( Nouveau mouvement de la Pantomime ; mais elle dissimule et imagine, pour parvenir à son but, de charmer le Mélodrame par tous les prestiges qui sont en son pouvoir.)

LE MÉLODRAME.

Que signifie cette joie subite, et que va-t-elle faire ?

(Par ordre de la Pantomime deux gladiateurs apportent un grand livre, on lit dessus : *répertoire.* Le livre est ouvert et présentent d'un côté ces mots :

LA DÉFAITE DES AMAZONES.

*Scènes Pantomimes.*

De l'autre côté :

## *PERSONNAGES.*

HERCULE.

THÉSÉE.

La Reine HYPPOLITE.

ARIANE.

L'AMOUR.

LE MÉLODRAME, *à part*.

Je devine son dessein ; elle espère me prouver que ses talens, unis aux miens, doubleraient mes succès Amusons-nous
un moment de cette inutile tentative, et rabaissons l'orgueil
de cette femme altière. (*haut.*) Quelque soit notre différend,
madame, je ne verrai pas moins avec un vif plaisir se déployer
devant moi tous vos talens ; qui pourrait, d'ailleurs, ne pas
s'intéresser au sort de la belle et fière Hyppolite, adorée par
Thésée, vaincue par Hercule ; et qui pourrait ne pas être
ému par le tableau du désespoir d'Ariane abandonnée.

(La Pantomime sort suivie de ses gladiateurs pour aller se préparer.
Quelques Amazones quittent aussi le lieu de la scène : pendant ce
tems, d'autres apportent et présentent à celle que la Pantomime a
désignée pour remplir le rôle d'Hyppolite, un casque, un sabre et
un bouclier d'une grande richesse. Le Mélodrame se place sur une
estrade que l'on élève avec magnificence à la droite du spectateur ;
un jeu d'adresse est placé dans le fond et au milieu du théâtre : ce
sont trois statues groupées et posés sur un large piédestal, et les-
quelles portent une boule, d'où part des branches de feuillages cour-
bés, et ayant à leur extrémité une grosse pomme d'or.

L'Amazone, chargée du rôle d'Hyppolite, annonce au Mélodrame
que l'action pantomime va commencer.)

# SCENES PANTOMIMES.

## SCÈNE PREMIERE.

La reine ordonne à ses amazones de commencer les courses ; au
même instant une marche guerrière se fait entendre.

## SCENE II.

Hercule, Thésée, suivis de gladiateurs, portent sur un pavois les
monstres vaincus par ce dernier, tels que Minautaures, etc. paraissent. Hercule présente à Hyppolite le jeune guerrier, qui bientôt
s'avance et déclare son amour à la reine.

## SCENE III.

L'Amour sort mystérieusement du piédestal, qui supporte le jeu
des Amazones ; menace Thésée en arrière et disparaît.

## SCENE IV.

La reine cherchant à se soustraire aux instances de Thésée, l'in-
vite avec une secrète intention à prendre part au jeu d'adresse : Thésée accepte : Hercule exprime quelqu'inquiétude ; Hyppolite trace
ces mots sur le piédestal : *Quiconque manquera perdra ses armes.* Cette
condition insidieuse n'arrête point Thésée : le jeu s'ouvre.

Une Amazone s'élance, et soudain une pomme d'or, adroitement
touchée, tombe et roule au milieu de l'arène.

Thésée à son tour part comme l'éclair, enlève une pomme au bout
de son javelot ; la reine fait un mouvement de colère et dissimule ;
Thésée l'engage à concourir à son tour. Elle s'avance d'un pas assuré.
Mais, ô désespoir ! rien ne tombe. Confusions de la reine ! Thésée
lui demande aussitôt ses armes, selon la loi qu'elle-même a dictée.

Hyppolite les refuse, Hercule insiste avec menace ; la reine déclare qu'elle ne rendra pas ses armes qu'après avoir été vaincue dans un combat à toute outrance : le combat s'engage sur-le-champ, le Mélodrame paraît très-attentif, et semble prendre part à l'action.

Hyppolite et les amazones sont renversées et vaincus. La reine remet ses armes à Hercule et cherche à fuir, pour cacher sa honte ; mais tout à coup on lui présente à la fois et des chaines et une couronne d'hyménée : Hercule lui laisse le choix entre l'esclavage où la main de Thésée.

## SCENE V.

Au même instant l'Amour, amenant Ariane, paraît dans le fond : Ariane s'élance vers Thésée, saisit la couronne d'hyménée et la foule aux pieds ; surprise extrême de tous les personnages. L'Amour sort précipitamment.

## SCENE VI.

Ariane accable Thésée de justes reproches, cherche vainement à émouvoir son cœur ; Thésée et Hercule repousse Ariane; déjà des gladiateurs s'avancent et vont la forcer à s'éloigner. La reine indignée prend Ariane, et quoique elle-même sans armes et subjuguée, la place sous sa protection.

Hercule arrache Ariane des bras de la reine et la fait enchaîner: Ariane s'attache aux pas de Thésée, embrasse ses genoux, mais rien ne peut l'attendrir. Hyppolite seule remplit son cœur. Le Mélodrame exprime une grande émotion, et le sort d'Ariane semble vivement l'intéresser ; il suit tous ses mouvemens.

Ariane repoussée tant de fois, se livre alors à l'excès de son désespoir, attire sur Hercule et Thésée la vengeance des dieux.

Pendant cette scène, Hyppolite et toutes les Amazones enchaînés sont entraînés malgré leurs efforts multipliés.

Ariane tire un poignard de son sein, et va s'en percer, lorsque le Mélodrame, séduit par l'illusion, s'écrie :

### LE MÉLODRAME.

Arrêtez, Ariane !

(Spontanément, la Pantomime, et tous ses sujets, avec un sourire malin, font un geste indicatif, qui fait aussitôt reconnaître au Mélodrame son erreur.)

### *Tableau général.*

### LE MÉLODRAME.

Oui, je l'avoue, madame, vous avez séduit et mes yeux et mon cœur ! l'expression de votre figure, la vérité de vos gestes, la chaleur, le jeu vif et animé des personnages qui vous entourent, tout a contribué à rendre l'illusion si parfaite que je ne sais encore si je tombe aux pieds de la belle Ariane, ou bien aux genoux de la fille du Silence et des Grâces.

(La Pantomime le relève avec amitié.)

### LE MÉLODRAME.

O combien je suis coupable d'avoir pu dédaigné d'unir nos intérêts et nos forces ! Point de souvenirs amers, point de ressentimens, c'est moi qui vous supplie maintenant de joindre votre sceptre au mien, de partager ce domaine, qui va tomber en mon pouvoir ; que dis-je ? que nous allons conquérir ensemble , et dans lequel désormais nous résiderons sans haine, sans jalousie, sous l'égide de l'indulgence et de la faveur publique. Venez, madame, venez dans mon camp, venez y prendre le commandement des troupes qu'il vous plaira choisir , bientôt nous reparaîtrons à la tête de nos légions, et nous verrons, sous nos yeux, s'écrouler ces murs trop long-tems profanés.

(Au son d'une marche guerrière et pressée, le Mélodrame et la Pantomime, se tenant par la main , sortent suivis de leur cortège.)

# SCENE VII.

ARLEQUIN, *d'abord dans l'intérieur du théâtre.*

Aux armes , aux armes , aux armes ! ( *Il paraît sonnant le tocsin avec la sonnette d'appel.*) Aux armes ! Oui, j'ai tout entendu par cette lucarne là haut, et j'en frémis encore : « Et nous verrons s'écrouler, sous nos yeux , ces murs trop long-temps profanés. ( *Il sonne de nouveau.*) Aux armes ! aux armes !

# SCENE VIII.
## ARLEQUIN, PIERROT.

PIERROT.
Paix donc, paix donc, s'ils t'entendaient. Attends , je vais les réunir plus discrètement. (*Il bat la caisse.*)

# SCENE IX.
LES PRÉCÉDENS, Toute la Troupe.

TOUS.

Air : *Quel désespoir !*
Quel désespoir !
Victimes d'une affreuse trame ,
O ! désespoir !
Quel drame
Nous jouons ce soir.

ARLEQUIN.
Je vais en Italie.

ZING-ZING.
Je file aux Porcherons.

PIERROT.
Montmarrre est ma patrie.

LA PUCELLE.
Vers Orléans courons.

TOUS.
O ! désespoir, etc.

PIERROT.

Vous êtes bien heureux de pouvoir vous décider ainsi ;
moi, l'embarras du choix de ma retraite me cause un trou-
ble, une agitation, une émotion, une suffocation, une
palpitation... Ah ! mes amis, aidez-moi à débrouiller toutcela.

Air : *Mon cœur soupire avant l'aurore.*

Mon cœur soupire pour Mayence,
Dont on renomme les jambons,
L'orange est exquise en Provence,
Verdun me plait par ses bombons.
L'huître de Cancale est si belle,
Des îles j'aime la liqueur. . . . .
( *Un moment de silence.* )
Dites-moi comment on appelle
Ce qui se passe dans mon cœur.

ZING-ZING.

Mille millions d'escarpins à double couture, il s'agit bien
de tout cela.

TOUTES LES FEMMES.

Air : *Quand les bœufs vont deux à deux.*

Mais enfin, qu'allons-nous faire ?
Mad. TINTAMARRE.
Je vous dis, c'est mon affaire.
GENEVIÈVE.
Dieu ! prenez pitié de nous !
CASSANDRE COLOMBINE.
Nous enfuir est-ce plus sage.
LA PUCELLE.
Doit-on perdre ainsi courage ?
ARLEQUIN, PIERROT.
Hé bien, que décidez-vous ?
Mad. TINTAMARRE.
Il faut...
GENEVIEVE.
Je crois...
LA PUCELLE.
Ecoutez-moi.
ARLEQUIN.
Tenez...
PIERROT.
Voyons...
CASSANDRE.
Eh ! mais ?...
L'AMOUR.
Pourquoi ?...
TOUS.
Mon avis est sûrement
Le meilleur en ce moment.

( *Coup de tonnerre.* )

**ARLEQUIN.**

Ah ! mes amis, mes amis, regardez donc là-haut, quel
gros nuage s'avance. (*Autre coup de tonnerre.* )

**ARLEQUIN et PIERROT.**

Air :

Quoi, le ciel et la terre
Se fâchent contre nous ?...

**ZING-SING.**

Ah ! le maudit tonnerre !

**L'AMOUR.**

Mais il devient plus doux.

**VÉNUS et LA PUCELLE.**

Entends-tu ce concert charmant ?

**GENEVIÈVE.**

Il est joyeux...

**ARLEQUIN.**

Et ravissant...

**PIERROT.**

Quelle vive harmonie.

**ARLEQUIN.**

De danser, j'ai l'envie.

**TOUS.**

Cet air m'a transporté
Ah ! mes amis, comme il peint la *Gaîté.*

---

# SCENE X.

**LES PRÉCÉDENS, LA GAITÉ, Suite.**

( Le tonnerre gronde et le canon se fait entendre dans le lointain :
la Gaîté descend dans un nuage lumineux, et entourée des ris et
des jeux représentés par des enfans. )

**ARLEQUIN.**

Que vois-je ? c'est la Gaîté.

**ARLEQUIN et PIERROT,** *tombant à genoux.*

Notre marraine !

**TOUS.**

Nous sommes sauvés !

**LA GAITÉ.**

Comment, ingrats, vous alliez abandonner le domaine que
je vous ai donné, sans invoquer mon secours et ma puissance ?
Est-ce ainsi que vous m'aimez ?

**PIERROT.**

Hélas ! pouvions-nous songer à la Gaîté !

Air : *De Léonce.*

Nous ne pensions jamais qu'à vous,
Et dans de légères folies.

*Le Siège.*                                              C

ARLEQUIN.

Dans de bizarres facéties
Ah ! qui vous fêta mieux que nous.

PIERROT.

Mais un seigneur, dans ce parage,
Arrive d'un air furibond.

ARLEQUIN.

Il ne parle que de carnage.

PIERROT.

N'aime que les cris, le tapage.

ARLEQUIN, PIERROT.

La mort, les poignards, le poison,
Sont ces compagnons de voyage.

LA GAITÉ.

Vous êtes donc bien ennemis de ce chevalier arrivé d'au-
ourd'hui ?

PIERROT.

Ennemis...

ARLEQUIN, PIERROT et LA PUCELLE.

Jusqu'au trépas.

LA GAITÉ.

Vous le connaissez mal. C'est un homme très-intéressant
et par fois aimable.

ARLEQUIN.

Intéressant ? dites donc intéressé, un homme qui prend
notre bien. Mais, marraine, que fera-t-il d'une si petite
maison? est-ce qu'il a besoin des Petites Maisons, le chevalier
Mélodrame ?

LA GAITÉ.

Quelquefois.

> Air : *Du partage de la richesse.*
> Quand par ses traits il intéresse,
> Quand il séduit par ses hauts faits,
> Alors, Graces à sa noblesse,
> Il est très-bien dans un palais ;
> Mais s'il révolte trop les âmes
> Par les cachots, par les prisons,
> Certes, messieurs les mélodrames
> Sont bien aux Petites Maisons.

PIERROT.

Et de quel caractère est celui qui arrive ?

LA GAITÉ.

Il fera tout ce qu'il pourra pour plaire ; et je veux lui en
donner les moyens en le conciliant avec moi.

ZING-ZING.

Non, mais j'dis, prenez y garde, il est homme à tuer la
gaité.

#### LA GAITÉ.

Il a fait plus d'une fois tout ce qu'il fallait pour cela ; mais il n'a pu y parvenir tout-à-fait.

#### PIERROT.

Tenez, marraine, si vous voulez m'en croire, nous monterons dans une voiture, et nous traiterons avec eux à la hauteur d'une cinquantaine de toises.

#### LA GAITÉ.

Non pas, non, les mauvais plaisans diraient que c'est un traité en l'air.

( La Gaîté va vers le nuage, elle fait un signe et le nuage s'enlève rapidement ; la, une marche guerrière se fait entendre. )

#### PIERROT.

Marraine, la voilà ! la voilà ! Ah ! mon dieu, quel attirail de guerre !

#### LA GAITÉ.

Suivez-moi. Vous n'avez rien à craindre.

( Arlequin et Pierrot se tapissent contre la Gaîté qui remonte vers le fond de la scène, ainsi que tous les petits génies placés à droite et à gauche sur une ligne. Bientôt tous ensemble s'élèvent de terre sur un rampart qui occupe la largeur du théâtre, à fur et mesure que le bruit de la marche guerrière approche. )

---

# SCENE XI.

**LES PRÉCÉDENS, LE MELODRAME, Suite.**

( L'avant-garde du Mélodrame et de la Pantomime paraît : elle est composée de pelotons de différentes nations avec des légendes portant le nom de leur pays ; le gros de l'armé succède. Les grenadiers Hongrois s'avancent avec un train d'artillerie ; suivent les chevaliers et anciens guerriers roulant au milieu d'eux une catapulte et un belier, d'autres portant des échelles et des fagots : enfin le Melodrame et la Pantomime arrivent avec leurs écuyers, les athlettes et les amazones armées d'arcs. Leur surprise est extrême a l'aspect du rampart et de ceux qui le garnissent. )

#### LE MÉLODRAME.

Que vois-je ? et quelle puissance surnaturelle a fortifié tout-à-coup cette enceinte ?

---

# SCENE XII.

**LES PRÉCÉDENS,**

( Au même instant les ramparts sont garnis de tous les petits génies armés de flambeaux ; la Gaîté, Arlequin et Pierrot, paraissent au haut de la tour. )

#### LA GAITÉ.

Moi.

LE MÉLODRAME.

Qui, vous ?

ARLEQUIN.

Marraine ! (*Il se cache aussitôt.*)

LA GAITÉ.

La sœur du Dieu de la Folie, la franche Gaîté.

PIERROT.

Rien que ça.

LE MÉLORDAME.

Est-il possible !

LA GAITÉ.

Tu ne m'attendais pas, je le vois ; c'est ainsi que j'aime
toujours à surprendre mon monde.

LE MÉLODRAME.

O fatalité !

LA GAITÉ.

Beau prince, et vous illustre guerrière, calmez vos es-
prits ; je ne viens ni pour déjouer entièrement vos projets, ni
pour m'opposer même à votre entreprise : mon but est de
vous proposer un traité.

LE MÉLODRAME.

Un traité !

LA GAITÉ.

Lorsque je pourrais d'un seul geste vous anéantir tous ;
admirez ma clémence, et écoutez-moi. Vouloir ainsi renverser
mes autels, détruire mon temple, n'est pas fort honnête de
votre part ; mais j'oublie cette petite licence, assez naturelle
à votre caractère, pour ne songer qu'aux moyens de former
une réunion à l'avantage de tous.

LE MÉLODRAME.

N'espère point nous voir jamais unis ; je brave ta puissance, bientôt ces remparts seront détruits. Que peux-tu opposer à ces instrumens de destruction et de mort ? Enfin qui
pourrait résister à mes guerriers ?

LA GAITÉ.

Les miens.

LE MÉLODRAME.

Où sont-ils ?

LA GAITÉ.

Les voici.

(Au même instant le rampart que la Gaîté à fait élever entre elle et

ses ennemis laisse voir sur une seule ligne, et en transparant les noms
suivans entourés de guirlandes de chêne. )

| | |
|---|---|
| PIRON. | ANSEAUME. |
| LESAGE. | FAVART. |
| FUSELIER. | TACONET. |
| DOMINIQUE. | PANNARD. |
| DERNEVAL. | COLLÉ. |
| VADE. | GALLET. |

### LA GAITÉ.

Air : *Quelque part que le sort le mène.*

Tu vois ces noms chers à la France ,
Ces vrais amis de la Gaîté ,
Mon donné , par leur existence ,
Un siècle de prospérité ;
Vainement jusque sur mes terres
Le drame apporte ses poignards,
Pour leur enfant , d'aussi bon pères ,
Deviennent d'éternels remparts.

### LE MÉLODRAME.

Ah ! tes forces sont irrésistibles, je consens à m'unir à toi,
Quels sont les articles du traité ?

### LA GAITÉ.

Air : *Ça n'se peut pas.*

D'abord , avec moi dans ce temple ,
Vous régnerez sans trop gémir ,
Des héros vous serez l'exemple ,
Je serai celui du plaisir.
Mais de moi la foule idolâtre ,
Croirait que je vous ai cédé ,
Mon nom ornera ce théâtre.

### ARLEQUIN PIERROT.

Eest-ce accordé ?...

( Le Mélodrame et la Pantomime se consultent ensemble et font ensuite un signe d'adhésion. )

### ARLEQUIN , PIERROT.

C'est accordé. ( *ter.* )

Grace à la baguette magique ,
Si je veux voir tous l'univers ,
Dans un instant , si je me pique ,
De voir les cieux et les enfers ,
Trouvant ce desir agréable ,
Vous me suivrez par procédé ,

Dussé-je vous mener au diable..,
Est-ce accordé !...

( Même consultation et même signe d'adhésion.

TOUS.

C'est accordé.     ( ter. )

LA GAITÉ.

Jurez maintenant, en présence de mes plus fermes soutiens,
de ces pères de la gaîté française, jurez d'être fidèles à ce
traité, que rien ne pourra rompre, et que vous allez à l'instant ratifier devant une brillante réunion qui saura vous
récompenser, par ses suffrages, de vos efforts et de votre
zèle.

( Un petit génie tenant une tablette d'airain d'une main et un burin
de l'autre, descend d'un vol rapide, il présente au Mélodrame et
à la Pantomime, tandis que l'un et l'autre y grave leur nom, tous
les personnages en scène forment un tableau de serment général.)

LA GAITÉ.

Braves chevaliers, jeunes guerriers, votre soumission
excite en moi la plus vive reconnaissance. Je vais vous le
prouver à l'instant même.

Air : *Comme faisaient nos pères.*

Les soins d'un maître vigilant,
Mon appui tutélaire,
Feront sortir de terre
A l'instant
Un temple charmant.
Les arts fidèles
Au goût des belles
Bientôt sur elles
Fixeront tous les yeux ;
Un architecte ingénieux
N'a rien oublié dans ces lieux ;
Chaque côté,
Les fils de la Gaîté
Reconnaîtront, j'espère,
Tous les talens d'un père (*). ( bis. )

( Ici le rampart disparaît et laisse voir la façade illuminée du nouveau théâtre de la Gaîté en transparant. Les arbres du boulevard
sont tout-à-coup ornés de Guirlande et de mots aussi en transparant, tels que travail, activité, zèle, etc. Les portes du vestibule
sont ouvertes et laissent voir l'intérieur illuminé. De là, sortent
deux à deux, les acteurs et actrices dans les rôles où ils ont eu le
plus de succès. La danse vient ensuite, et tout le monde à des bou-
quets qu'à la fin de la marche on offre à la Gaîté, à la Pantomime

---

(*) Peyre est le nom de l'architecte qui a construit la salle, dans
l'espace de quatrre mois et deux jours, et dont le père a bâti l'an-
cienne salle du théâtre Français, aujourd'hui Odéon.

et au Mélodrame réunis qui , par leurs gestes , annoncent que
c'est au public qu'il faut les offrir. Aussitôt on jette tous les bou-
*** ux dames ; Une pluie de fleurs tombe au même instant du
de la salle.)

## *VAUDEVILLE.*

### ARLEQUIN.

Air : *De la Vallée de Barcelonnette.*

Dans un théâtre où l'on n'a pas
De Therpsicore les recettes ,
Le puplic, las dire à bas,
   Dansa sur les banquettes , ( *bis.* )
Ah ! de la Gaité , traitez mieux
Ici le timide cortége ,
Vers lui , si vous levez les yeux ,
   Ne levez pas le siège.

### ZING-ZING.

J'avais une épouse autrefois,
C'était un bijou , sur mon âme ,
On courait pour voir le minois
   De ma petite femme. ( *bis.* )
Mais un jour , par un fatal sort ,
Voyant que malgré mon manége
Je levais le coude un peu fort ,
   Elle à levé le siège.

### LA PUCELLE.

Jadis sous des murs si fameux,
Je sus repousser l'Angleterre ,
Mon nom depuis ce jour heureux
   A parcouru la terre. ( *bis.* )
Avide de nouveaux succès ,
De la fière Albion puisse-je
Avec des grenadiers Français ,
   Faire bientôt le siège.

### LA GAITÉ , *au public.*

Dans un fort , tous les assiégés
Se signalent par la vaillance ,
Ici propos joyeux , légers ,
   Voilà notre défense. (*bis.*)
Messieurs , soyez les assiégeans ,
Si votre bonté nous protége ,
Nous tâcherons , par nos talens ,
De soutenir le siège.